DISCOURS
PRONONCÉ

PAR M. LE PRÉSIDENT

DE MONTESQUIEU,

A la rentrée du Parlement de Bordeaux, le jour de la Saint Martin 1725.

A GENEVE,

Et se trouve a PARIS,

Chez LE JAY, Libraire, rue S. Jacques, au-dessus de celle des Mathurins, au Grand Corneille

M. DCC. LXXII.

DISCOURS

Prononcé par M. le Président DE MONTESQUIEU, *à la rentrée du Parlement de Bordeaux, le jour de la Saint Martin 1725.*

QUE celui d'entre nous qui aura rendu les Loix esclaves de l'iniquité de ses Jugemens, périsse sur l'heure! Qu'il trouve en tout lieu la présence d'un Dieu vengeur, & les puissances célestes irritées! Qu'un feu sorte de dessous terre, & dévore sa maison! Que sa postérité soit à jamais humiliée! Qu'il cherche ſon pain, & ne le trouve pas ! Qu'il ſoit un exemple affreux de la juſtice du ciel, comme il en a été un de l'injuſtice de la terre !

C'eſt à-peu-près ainſi, Meſſieurs, que parloit un grand Empereur, & ſes paroles ſi triſtes, ſi terribles, ſont pour vous pleines de conſolations. Vous pouvez tout dire en ce moment à ce Peuple aſſemblé, avec la confiance d'un Juge d'Iſraël : *Si j'ai commis quelque injuſtice, ſi j'ai opprimé quelqu'un d'entre vous, qu'il éleve la voix, qu'il parle contre moi aux yeux du Seigneur :* LOQUEMINI DE ME CORAM DOMINO, ET CONTEMNAM ILLUD HODIE.

Je ne parlerai donc point de ces grandes corruptions, qui, dans tous les temps, ont été le préſage du changement ou de la chute des Etats; de ces injuſtices de deſſein formé; de ces méchancetés de ſyſtême; de ces vies toutes marquées de crimes, où des jours d'iniquités ont toujours ſuivi des jours d'iniquités; de ces Magiſtratures exercées au milieu des reproches, des pleurs, des murmures, & des craintes de tous les Citoyens: contre des Juges pareils, contre des hommes ſi funeſtes, il faudroit un tonnerre; la honte & les reproches ne ſont rien.

Ainſi, ſuppoſant dans un Magiſtrat ſa vertu eſſentielle, qui eſt la juſtice, qualité ſans laquelle il n'eſt qu'un monſtre dans la ſociété, & avec laquelle il peut être un très-mauvais Citoyen; je ne parlerai que des acceſſoires qui peuvent faire que cette juſtice abondera plus ou moins ; il faut qu'elle ſoit éclairée ; il faut qu'elle ſoit prompte ; qu'elle ne ſoit point auſtere, & enfin qu'elle ſoit univerſelle.

Dans l'origine de notre Monarchie nos peres pauvres, & plutôt Paſteurs que Laboureurs, Soldats plutôt que Citoyens, avoient peu d'intérêts à régler ; quelques Loix ſur le partage du butin, ſur la pâture ou le vol des beſtiaux, régloient tout dans la République ; tout le monde étoit bon pour être Magiſtrat chez un Peuple qui dans ſes mœurs ſuivoit la ſimplicité de la nature, & à qui ſon ignorance & ſa groſſiereté fourniſſoient des moyens auſſi faciles qu'injuſtes de terminer les différends comme le ſort, les épreuves par l'eau, par le feu, les combats ſinguliers, &c.

Mais depuis que vainqueurs des Gaulois, nous avons pris la police des Gaulois; que le Code militaire a cédé au Code civil; depuis ſurtout que les Loix des Fiefs n'ont plus été les ſeules Loix de la Nobleſſe, le ſeul corps de l'état, & que par ce dernier changement le commerce & le labourage ont été encouragés; que les richeſſes des Particuliers & leur avarice ſe ſont accrues; qu'on a eu à démêler de grands intérêts, & des intérêts preſque toujours cachés; que la bonne foi ne s'eſt réſervée que quelques affaires de peu d'importance, tandis que l'artifice & la fraude ſe ſont retirés dans les contrats, nos Codes se sont augmentés ; il a fallu joindre les Loix étrangeres aux nationales ; le respect pour la religion y a mêlé les Canoniques ; & les Magistratures n'ont plus été le partage que des citoyens éclairés.

Les Juges se sont toujours trouvé au milieu des piéges & des surprises, & la vérité a laissé dans leur esprit les mêmes méfiances que l'erreur.

L'obscurité du fonds a fait naître la forme ; les fourbes qui ont espéré de pouvoir cacher leur malice, s'en sont fait une espéce d'art ; des professions entieres se sont établies ; les unes pour obscurcir, les autres pour allonger les affaires, & le Juge a eu moins de peine à se défendre de la mauvaise foi du Plaideur, que de l'artifice de celui à qui il confioit ſes intérêts.

Pour lors il n'a plus ſuffi que le Magiſtrat examinât la pureté de ſes intentions; ce n'a plus été aſſez qu'il pût dire à Dieu: *Proba me Deus & ſcito cor meum;* il a fallu qu'il examinât ſon eſprit, ſes connoiſſances & ſes talens; il a fallu qu'il ſe rendît compte de ſes études; qu'il portât toute ſa vie le poids d'une application ſans relâche, & qu'il vît ſi cette application pourroit donner à ſon eſprit la meſure des connoiſſances, & le degré de lumiere que ſon état exigeoit.

On lit dans les relations de certains Voyageurs qu'il y a des mines où les travailleurs ne voyent jamais le jour ; ils ſont une image bien naturelle de ces gens, dont l'eſprit appeſanti ſous les organes, n'eſt pas capable de recevoir aucun degré de clairvoyance. Une pareille incapacité exige d'un homme juſte qu'il la ſurmonte par des ſueurs & par des veilles.

Il faut encore que la Juſtice ſoit prompte. Souvent l'injuſtice n'eſt pas dans le Jugement, elle eſt dans les délais ; ſouvent l'examen a fait plus de tort qu'une déciſion contaire. Dans la conſtitution préſente, c'eſt un état que d'être plaideur ; on porte ce titre juſqu'à ſon dernier âge ; il va à la poſtérité, il paſſe de neveux en neveux, juſqu'à la fin d'une malheureuſe famille.

A ce titre ſi triſte, la pauvreté

ſemble toujours attachée. La Juſtice la plus exacte ne ſauve jamais que d'une partie des malheurs; & tel eſt l'état des choſes, que les formalités introduites pour conſerver l'ordre public, ſont aujourd'hui le fléau des Particuliers. L'induſtrie du Palais eſt devenue une ſource de fortune, comme le commerce & le labourage; la maltôte a trouvé à s'y repaître, & à diſputer à la chicane la ruine d'un malheureux plaideur.

Autrefois les gens de bien menoient devant les Tribunaux les hommes injuſtes. Aujourd'hui ce ſont les hommes injuſtes qui y traduiſent les gens de bien. Le dépoſitaire a oſé nier le dépôt, parce qu'il a eſpéré que la bonne foi craintive ſe laſſeroit bientôt de le demander en juſtice ; & le raviſſeur a fait connoître à celui qu'il opprimoit, qu'il n'étoit pas de ſa prudence de continuer à lui demander raiſon de ſes violences.

On a vu, ô ſiécle malheureux ! des hommes iniques menacer de la Juſtice ceux à qui ils enlevoient leurs biens, & apporter, pour raiſon de leurs vexations, la longueur du temps, & la ruine inévitable à ceux qui voudroient les faire ceſſer ; mais quand l'état de ceux qui plaident ne feroit point ruineux, il ſuffiroit qu'il fût incertain pour nous engager à le faire finir. Leur condition eſt toujours malheureuſe, parce qu'il leur manque quelque ſûreté du côté de leurs biens, de leur fortune & de leur vie.

Cette même considération doit inspirer à un Magistrat juste une grande affabilité, puisqu'il a toujours affaire à des gens malheureux. Il faut que le peuple soit toujours présent à ses iniquités; semblable à ces bornes que les Voyageurs trouvent dans les grands chemins sur lesquelles ils reposent leur fardeau. Cependant on a vu des Juges, qui, refusant à leurs Parties tous les égards, pour conserver, disoient-ils, la neutralité, tomboient dans une rudesse qui les en faisoit plus sûrement sortir.

Mais qui est-ce qui a jamais pu dire, si l'on en excepte les Stoïciens, que cette affection générale pour le genre humain, qui est la vertu de l'homme considéré en lui-même, soit une vertu étrangere au caractere du Juge ? Si c'est la puissance qui doit endurcir les cœurs, voyez comme l'autorité paternelle endurcit les cœurs des peres, & reglez votre Magistrature sur la premiere de toutes les Magistratures.

Mais indépendamment de l'humanité, la bienséance & l'affabilité, chez un Peuple poli, deviennent une partie de la Justice, & un Juge qui en manque pour ses cliens, commence dès-lors à ne plus rendre à chacun ce qui lui appartient ; ainsi, dans nos mœurs, il faut qu'un Juge se conduise envers ses Parties, de maniere qu'il leur paroisse bien plutôt réservé que grave, & qu'il leur fasse voir la probité des Catons, sans leur en montrer la rudesse & l'austérité.

J'avoue qu'il y a des occaſions où il n'eſt point d'ame bienfaiſante qui ne ſe ſente indignée ; l'uſage qui a introduit les ſollicitations, ſemble avoir été fait pour éprouver la patience des Juges qui ont du courage & de la probité. Telle eſt la corruption du cœur des hommes qu'il ſemble, que la conduite générale ſoit de la ſuppoſer toujours dans le cœur des autres.

O vous qui employez pour nous ſéduire tout ce que vous pouvez vous imaginer de plus inévitable ; qui pour nous mieux gagner cherchez toutes nos foibleſſes ; qui mettez en œuvre la flatterie, les baſſeſſes, le crédit des Grands, le charme de nos amis, l'aſcendant d'une épouſe chérie ; quelquefois même un empire que vous croyez plus fort, parce vous le croyez plus criminel ; qui choisissant toutes nos passions, faites attaquer notre cœur par l'endroit le moins défendu, puissiez-vous à jamais manquer tous vos desseins, & n'obtenir que de la confusion dans vos entreprises ! Nous n'aurons point à vous faire les reproches que Dieu fait aux pécheurs dans les livres saints : *Vous m'avez fait servir à vos iniquités*. Nous résisterons à vos sollicitations les plus hardies, & nous vous ferons sentir la corruption de votre cœur, la droiture du nôtre.

Il faut que la justice soit universelle. Un Juge ne doit pas être comme l'ancien *Caton*, qui fut le plus juste sur son Tribunal, & non dans sa famille. La justice doit être en nous une conduite générale. Soyons juſtes dans tous les lieux, juſtes à tous égards envers toutes perſonnes, en toutes occaſions.

Ceux qui ne ſont juſtes que dans les cas où leur profeſſion l'éxige, qui prétendent être équitables dans les affaires des autres, lorſqu'ils ne ſont pas incorruptibles dans ce qui les touche eux-mêmes, qui n'ont point mis l'équité dans les plus petits événemens de leur vie, courent riſque de perdre bientôt cette juſtice même qu'ils rendent ſur le Tribunal. Des Juges de cette eſpéce, reſſemblent à ces monſtrueuſes divinités que la fable avoit inventées, qui mettoient bien quelqu'ordre dans l'univers, mais qui chargées de crimes & d'imperfections, troubloient elles-mêmes leurs loix, & faisoient rentrer le monde dans tous les déréglemens qu'elles en avoient bannis.

Que le rôle de l'homme privé ne fasse donc point de tort à celui de l'homme public: car dans quel trouble d'esprit un Juge ne jette-t'il point les Parties, lorsqu'elles lui voyent les mêmes passions que celles qu'il faut qu'ils corrigent; & qu'ils trouvent sa conduite répréhensible comme celle qui a fait naître leurs plaintes? S'il aimoit la justice, diroient-elles, la refuseroit-il aux personnes qui lui sont unies par des liens si doux, si forts, si sacrés, à qui il doit tenir par tant de motifs, d'estime, d'amour, de reconnoiſſance, & qui peut-être ont mis tout leur bonheur entre ſes mains.

Les Jugemens que nous rendons ſur le Tribunal, peuvent rarement décider de notre probité; c'eſt dans les affaires qui nous intéreſſent particulierement que notre cœur ſe développe, & ſe fait connoître. C'eſt là-deſſus que le peuple nous juge, c'eſt là-deſſus qu'il nous craint ou qu'il eſpere de nous. Si notre conduite eſt condamnée, ſi elle eſt ſoupçonnée, nous devenons ſoumis à une eſpéce de récuſation publique, & le droit de juger que nous exerçons, eſt mis par ceux qui ſont obligés de ſouffrir au rang de leurs calamités.

Il eſt temps, Meſſieurs, de vous parler de ce jeune Prince, héritier de la juſtice de ſes ancêtres, comme de leur Couronne. L'Hiſtoire ne connoît point de Roi, qui, dans l'âge mûr & dans la force de ſon gouvernement, ait eu des jours ſi précieux à l'Europe, que ceux de l'enfance de ce Monarque. Le ciel avoit attaché au cours de ſa vie innocente de ſi grandes deſtinées, qu'il ſembloit être le pupille & le Roi de toutes les Nations. Les hommes des climats les plus reculés, regardoient ſes jours comme leurs propres jours. Dans les jalouſies des intérêts divers, tous les Peuples vivoient dans une crainte commune. Nous, ſes fideles Sujets, nous, François, à qui on donne l'éloge d'aimer uniquement notre Roi, à peine avions-nous en ce point l'avantage ſur les Nations alliées, ſur les Nations rivales, ſur les Nations ennemies. Un tel préſent du ciel, ſi grand par ce qui s'eſt paſſé, ſi grand dans le temps préſent, nous eſt encore pour l'avenir une illuſtre promeſſe. Né pour la félicité du genre humain, n'y auroit-il que ſes Sujets qu'il ne rendroit pas heureux? Il ne ſera point comme le ſoleil, qui donne la vie à tout ce qui eſt loin de lui, & qui brûle tout ce qui l'approche.

Nous venons de voir une grande Princeſſe * ſortir du deuil dont elle étoit environnée. Elle a paru, & les Peuples divers, dans ces ſortes d'événemens, uniquement attentifs à leurs intérêts, n'ont re-

* Ce Diſcours fut prononcé dans le temps du mariage du Roi.

gardé que les vertus, & les agrémens que le ciel a répandus ſur elle. Le jeune Monarque s'eſt incliné ſur ſon cœur ; la vertu nous eſt garante pour l'avenir de ce tendre amour que les charmes & les graces ont fait naître.

Soyez, Grand Roi, le plus heureux des Rois. Nous, qui vous aimons, béniſſons le ciel de ce qu'il a commencé le bonheur de la Monarchie par celui de la Famille Royale. Quelque grande que ſoit la félicité dont vous jouiſſez, vous n'avez rien que ce que vos Peuples ont mille fois déſiré pour vous ; nous implorions tous les jours le ciel ; il nous a tout accordé ; mais nous l'implorons encore. Puiſſe votre jeuneſſe être citée à tous les Rois qui viendront après vous ! Puiſſiez-vous dans un âge plus mûr n'y trouver rien à reprendre, & dans les grands engagemens où vous entrez, toujours bien ſentir ce que doit à l'univers le premier des mortels ! Puiſſiez-vous toujours cultiver dans la paix, des vertus qui ne ſont pas moins royales que les vertus militaires, & n'oublier jamais que le ciel, en vous faiſant naître, a déja fait toute votre grandeur, & que, comme l'immenſe Océan, vous n'avez rien à acquérir !

Que le Prince en qui vous avez mis votre principale confiance, qui ne trouve votre gloire que là où il voit votre juſtice, ce Prince infléxible comme les loix même, qui décerne toujours ce qu'il a réſolu une fois, ce Prince qui aime les régles, & ne connoît pas les exceptions, qui se suit toujours lui-même, qui voit la fin comme le commencement des projets, & qui sait réduire les Courtisans aux demandes justes, distinguer leurs services de leurs assiduités, & leur apprendre qu'ils ne sont pas plus à vous que vos autres Sujets, puisse être long-temps auprès de votre Trône, & y partager avec vous les peines de la Monarchie!

Avocats, la Cour connoît votre intégrité, & elle a du plaisir de pouvoir vous le dire. Les plaintes contre votre honneur n'ont point encore monté jusqu'à elle. Sachez pourtant qu'il ne suffit pas que votre Ministere soit désintéressé pour être pur. Vous avez du zèle pour vos Parties, & nous le louons; mais

mais ce zèle devient criminel, lorſqu'il vous fait oublier ce que vous devez à vos adverſaires. Je ſais bien que la loi d'une juſte défenſe vous oblige ſouvent de révéler des choſes que la honte avoit enſevelies, mais c'eſt un mal que nous ne tolérons que lorſqu'il eſt abſolument néceſſaire. Apprenez de nous cette maxime, & ſouvenez-vous-en toujours. Ne dites jamais la vérité aux dépens de votre vertu.

Quel triſte talent que celui de ſavoir déchirer les hommes ! Les ſaillies de certains eſprits ſont peut-être les plus grandes épines de notre Miniſtere ; & bien-loin que ce qui fait rire le peuple, puiſſe mériter nos applaudiſſemens, nous pleurons toujours ſur les infortunés qu'on deshonore.

Quoi ! la honte ſuivra tous ceux qui approchent de ce ſacré Tribunal ! Hélas ! craint-on que les graces de la Juſtice ne ſoient trop pures ? Que peut-on faire de pis pour les Parties ? On les fait gémir ſur leurs ſuccès même, & on leur rend, pour me ſervir des termes de l'Ecriture, *les fruits de la Juſtice amers comme de l'abſinthe.*

Eh ! de bonne foi, que voulez-vous que nous répondions, quand on viendra nous dire : Nous ſommes venus devant vous, & on nous y a couverts de confuſion & d'ignominie ; vous avez vu nos plaies ; & vous n'avez pas voulu y mettre d'huile ; vous vouliez réparer les outrages qu'on nous a fait loin de vous, & on nous en a fait ſous vos yeux de plus réels ; & vous n'avez rien dit, vous que ſur le Tribunal où vous étiez, nous regardions comme les Dieux de la terre, *vous avez été muets comme des ſtatues de bois & de pierre.* Vous dites que vous mettez en ſûreté notre vie : ſi vous n'avez pas la force d'arrêter les ſaillies d'un Orateur emporté, indiquez-nous du moins quelque Tribunal plus juſte que le vôtre. Que ſavons-nous ſi vous n'avez pas partagé le barbare plaiſir que l'on vient de donner à nos Parties ? ſi vous n'avez pas joui de notre déſeſpoir ? & ſi ce que nous vous reprochons comme une foibleſſe, nous ne devons pas plutôt vous le reprocher comme un crime ?

Avocats, nous n'aurons jamais la force de soutenir de si cruels reproches, & il ne sera jamais di que vous serez plus prompts à manquer aux premiers devoirs, que nous à vous les faire connoître.

Procureurs, vous devez trembler tous les jours de votre vi sur votre Ministere. Que dis-je vous devez nous faire trembler nous-mêmes. Vous pouvez à tou momens nous fermer les yeux su la vérité, nous les ouvrir sur de lueurs & des apparences; vou pouvez nous lier les mains, éluder les dispositions les plus juste & en abuser; présenter sans cess à vos Parties la justice, & ne leu faire embrasser que son ombre leur faire espérer la fin, & la reculer toujours; les faire marche dans un dédale d'erreurs, pour lors d'autant plus dangereux, que vous feriez plus habiles; vous feriez verser sur nous-mêmes une partie de la haine. Ce qu'il y auroit de plus triste dans votre profession, vous le reprendriez sur la nôtre, & nous deviendrions bientôt les plus grands criminels après les premiers coupables. Mais que n'ennoblissez-vous votre profession par la vertu, qui les orne toutes? Que nous serions charmés de vous voir travailler à devenir plus justes que nous ne le sommes! Avec quel plaisir vous pardonnerions-nous cette émulation. Et combien nos dignités nous paroîtroient-elles viles auprès d'une vertu qui vous seroit chere!

Lorsque plusieurs de vous ont

mérité l'eſtime de la Cour, nous nous ſommes rejouis des ſuffrages que nous leur avons donnés. Il nous ſembloit que nous allions marcher dans les ſentiers les plus ſûrs ; nous nous imaginions nous-mêmes avoir acquis un nouveau degré de Juſtice.

Nous n'aurons point, diſons-nous, à nous défendre de leurs artifices ; ils vont concourir avec nous à *l'œuvre du jour*, & peut-être verrons-nous le temps où le peuple ſera délivré de tout fardeau. Procureurs, vos devoirs touchent de ſi près les nôtres, que nous qui ſommes prépoſés pour vous reprendre, nous vous conjurons de les obſerver. Nous ne vous parlons point en Juges ; nous oublions que nous ſommes vos Magiſtrats ; nous vous prions de nous laiſſer notre probité, de ne nous point ôter le reſpect des peuples, & de ne nous point empêcher d'en être les peres.

FIN.

www.ingramcontent.com/pod-product-compliance
Ingram Content Group UK Ltd.
Pitfield, Milton Keynes, MK11 3LW, UK
UKHW021031260726
13994UKWH00005B/2086